Meiner lieben Grete, Weihnachten 79
Deine Herta

*Glücklich, wer edler
Gedanken Schatz sich erwarb*

Dichterworte
beglückender Weisheit

Die Tieck-Bücher
Verlag
Das Bergland-Buch

ISBN 3 7023 0011 2
Herausgegeben von Heinrich Tieck
2. Auflage. 7.—11. Tausend
Titelspruch: Empedokles
Alle Rechte vorbehalten
© 1971 by Verlag „Das Bergland-Buch", Salzburg
Gedruckt und gebunden bei R. Kiesel zu Salzburg
Printed in Austria

Ein gutes Wort ist wie ein Samenkorn;
es schweigt und schläft
und wacht erst auf
und wird zu Sinn erst und zu Sein,
säst du's in deine Erde ein
und schaffst du dir's zu eigenem Leben!

Flaischlen

Unser eigenes Innere ist die Quelle von Kummer oder Freude.

Knut Hamsun

Wie mit den Lebenszeiten, so ist es auch mit den Tagen, keiner ist uns genug, keiner ist ganz schön und jeder hat, wo nicht seine Plage, doch seine Unvollkommenheit, aber rechne sie zusammen, so kommt eine Summe Freude und Leben heraus.

Hölderlin

So schönes Wetter — und ich noch dabei!

Wilhelm Raabe

Wer jeden Tag sagen kann: heute ist der schönste, der allein steht über der Zeit und hat das Leben gemeistert. Wer alles vom Morgen erwartet oder sich im Gestern sonnt, der lebt überhaupt nicht, denn er hat kein Heute.

Heinrich Lhotzky

Wenn wir gerechter wären, würden wir zugeben, daß jedes Leben mehr frohe als trübe Sekunden gehabt hat. Wir verschwenden unsere Zufriedenheiten und rechnen wie Geizhälse mit unsern Widerwärtigkeiten. Der trefflichste Bücherrevisor ist die Krankheit, sie lehrt uns, die Bilanz richtig zu stellen.
K. L. Schleich

Wenn du Gott wolltest Dank
für jede Lust erst sagen,
du fändest gar nicht Zeit,
noch über Weh zu klagen.
Angelus Silesius

Wer will, ist Meister des Geschicks,
Zufriedenheit
war stets die Mutter wahren Glücks.
Albrecht Haller

Ich habe Brot gekauft und habe rote Rosen geschenkt bekommen: wie glücklich bin ich, beides in meinen Händen zu halten!
Kitahara Hakashu

Es gibt in jeglichem Leben harte Schläge, wie es in jeglichem Sommer Gewitter gibt. Und je schöner der Sommer ist, um so mächtiger donnern die einzelnen Gewitter über die Erde.

Gotthelf

Wußtest du denn nicht, daß du dir Unannehmlichkeiten wünschtest, als du dir wünschtest, alt zu werden? Alle diese unerfreulichen Begleiterscheinungen stellen sich eben in einem langen Leben ein, wie man auf einer langen Reise Staub, Schmutz und Regengüsse in Kauf nehmen muß.

Seneca

Man klagt so sehr bei jedem Schmerz und freut sich so selten, wenn man keinen fühlt.

Lichtenberg

Verständig ist, wer nicht jammert über das, was er nicht hat, sondern sich freut über das, was er hat.

Epiktet

Nicht wer wenig hat, sondern wer viel wünscht, ist arm.
Seneca

Es gibt doch viele Freuden in unseres lieben Herrgotts seiner Welt!
Goethes Mutter

Des Menschen größtes Meisterwerk ist richtig zu leben. Hat man sein Leben zu bedenken und zu führen verstanden, so hat man die größte Obliegenheit erfüllt. Sich zu zeigen und in wahres Licht zu stellen, bedarf die Natur des Glücks nicht. Sie zeigt sich gleich in allen Ständen und so gut hinter dem Vorhange, wie wenn er aufgezogen ist. Hat man verstanden, sich Göttlichkeit zum Ziel zu setzen, so hat man mehr getan als ein Bücherschreiber. Hat man sich Ruhe zu erwerben gewußt, so hat man mehr getan als der, welcher Städte und Reiche erwarb.
Montaigne

Lebe dein erstes Leben recht, damit du dein zweites genießen kannst.
Lichtenberg

An jedem Morgen sei eingedenk:
„Dieser Tag ist ein Gottesgeschenk!"
Und zeigt ein Abend dir nichts als Sorgen:
„Hinter der Nacht
steht ein leuchtender Morgen!"

Otto Promber

Nicht was die Dinge wirklich sind, sondern was sie für uns, in unserer Auffassung sind, macht uns glücklich oder unglücklich.

Schopenhauer

Es ist gut manchmal, die Sorgen so zu behandeln, als ob sie nicht da wären; das ist das einzige Mittel, ihnen ihre Wichtigkeit zu nehmen!

Rilke

Eine Not kann dir mehr nützen als tausend Freuden.

Bonaventura

Notzeiten sind immer Offenbarungszeiten.

Friedr. Rittelmeyer

Man soll nur nie, auch unter den schmerzlichsten Lebensverhältnissen, an die Unmöglichkeit glauben, daß sie sich jemals wieder heiter gestalten können. Wenn ein großes Leiden des Gemüts alles um uns her zu Nacht verfinstert und darin der letzte Hoffnungs- und Freudenstrahl ausstirbt, welchen der Himmel aussenden konnte: glaube doch niemand, daß die ewigen Sterne selbst erloschen seien! Sie leuchten noch über den Wolken. Und alles Leiden ist nur Gewölk. Es entspinnt sich und zerrinnt.

Heinrich Zschokke

Ich habe es in diesem Kampfe oft auch mit traurigem Herzen erfahren müssen, die Sonne ist mir oft verloschen, aber wieder aufgegangen, und je öfter sie verloschen ist, desto heller und schöner ist sie wieder aufgegangen.

Jakob Böhme

Man soll seinen Weg nur ruhig fortgehn, die Tage bringen das Beste wie das Schlimmste.

Goethe

Es kommen immer neue Schwierigkeiten —
ich möchte sie herrliche Aufgaben nennen.

H. v. Haan

Habt ihr mir einen Stein zwischen die Zähne gehauen, so will ich anfangen, ihn zu zermalmen und zu kauen, bis er zu süßem Brot geworden ist!

Hermann Stehr

Mir kann nichts geschehen, ich werde geführt.

Paul Ernst

Wir werden von „jenseits" geführt, ob wir es wahrhaben wollen oder nicht. Seit ich versuche, mich „führen zu lassen", geht meine Straße einigermaßen geradeaus. Früher ging sie im Kreis.

A. M. Uhlenkamp

Gott belastet keinen Menschen über seine Kräfte.

Indisch

Lieben heißt, sich wandeln;
und vollkommen sein
heißt, sich oft gewandelt haben.

J. H. Newman

Ein echtes Talent überwindet
alle Schwierigkeiten,
und man tut ihm selbst wohl,
wenn man es Prüfungen
unterwirft.

Schiller

Dein zugewognes Glücksteil: das ist dein froher Mut.

Chamisso

Mache nicht aus jedem Hölzchen am Weg ein Kreuz!

Helene Schlatter

Ich gehe immer und immer an den äußersten Rändern. Was ich hergebe ist das letzte Mögliche... auch wo keiner es ahnt.

Stefan George

Mächtiger als alles Schicksal ist die Seele.

Seneca

Der Schmerz kann mich zu Boden werfen, aber überwältigen kann er mich nicht.

Hölderlin

Gott weiß, was du trägst, und gibt zum Tragen die Kraft uns.

Lavater

Gott geht mit einer Seele immer nur bis hart an die Grenze, wo kein Widerstreben mehr möglich ist, aber diese Grenze überschreitet Gott nie, sondern diese Grenze muß die Seele selbst überschreiten, denn die Gnade ist nicht Gewalt, sondern Freiheit. Zum Leben wird der Mensch gezwungen und zum Sterben wird er gezwungen, und zwischen diesen ist er in fast allen Stücken gebunden an dieses und jenes. Nur zu Gott allein wird niemand gezwungen; hier hat Gott die Seele des Menschen völlig frei gemacht.

Gertrud v. Le Fort

Wo fängt Gott an? Genau dort, wo meine Kräfte erlahmen, nicht vorher. Er hilft nur, wo ich zu Ende bin.

Gorch Fock

Das große Geheimnis ist, als unverbrauchter Mensch durchs Leben zu gehen. — Das große Wissen ist, mit den Enttäuschungen fertig zu werden.

Albert Schweitzer

Das erste und wichtigste im Leben ist, daß man sich selbst zu beherrschen sucht, daß man sich mit Ruhe dem Unveränderlichen unterwirft, und jede Lage, die beglückende wie die unerfreuliche, als etwas ansieht, woraus das innere Wesen und der eigentliche Charakter Stärke schöpfen kann.

Wilh. v. Humboldt

Es war heute eine tiefe Verstimmung in mir — ich konnte wenig tun; die trübe Luft, der nasse Schnee, alles wirkte lähmend und drückend — da kam ich zu diesem Trio... Mit jedem Satze der Beethovenschen Musik wurde mir wohler und frischer, und wie Wolken vor der Sonne verzog sich die nächtliche Stimmung.

C. G. Carus

Der Himmel hat den Menschen als Gegengewicht gegen die vielen Mühseligkeiten des Lebens drei Dinge gegeben: die Hoffnung, den Schlaf und das Lachen.

Kant

Wer Grund zum Lachen hat
und hat auch Grund zum Weinen,
ist glücklicher als der,
so hat von beidem keinen.

Friedr. v. Logau

Hast du deine Pflicht getan?
Dann sei alles Ächzen, Krächzen
auch für heute abgetan.

Goethe

Wenn uns die Menschen verlassen oder verwunden, so breitet ja noch immer der Himmel, die Erde und der kleine blühende Baum seine Arme aus und nimmt den Verletzten darin auf, und die Blumen drücken sich an unser wundes Herz, und die Quellen mischen sich in unsere Tränen, und die Lüfte fließen kühlend in unsere Seufzer.

Jean Paul

Alles, was geschieht, gehört in den Plan der ewigen Welt und ist gut in ihm.

Fichte

Die Amsel schlägt, und die Veilchen blühn,
Holunderstrauch trägt das erste Grün.
Wehn rauh die Lüfte auch im März,
es wird doch Frühling! Was zagst du, Herz?
         Johannes Trojan

Hinaus, o Mensch, weit in die Welt,
bangt dir das Herz in krankem Mut;
nichts ist so trüb in Nacht gestellt,
der Morgen leicht macht's wieder gut.
         Eichendorff

Eine Gottheit unsre Ziele formt, wie wir sie auch entwerfen.
         Shakespeare

Das ist nun einmal so, also ist es gut für dich!
         H. v. Haan

Ich bin ja nur Zuschauerin gewesen. Ich war nur Werkzeug einer Macht, die mich führte und der ich alles verdanke.
         Selma Lagerlöf

Wenn sich Gott zu den Menschen nahen will, gibt es immer anfangs etwas aufzuräumen!

Joh. A. Bengel

Schnell gefundenes Glück ist niemals fest gegründet, denn selten ist es ein Werk des Verdienstes. Die Früchte der Arbeit und der Klugheit reifen langsam.

Vauvenargues

Um wirklich glücklich zu sein, genügt es nicht, Glück zu haben: man muß es auch verdienen.

Victor Hugo

Alle Güter verkaufst Du, o Herr, uns um den Preis von Mühe.

Leonardo da Vinci

Ein Bettler ist, wem andrer Müh verhilft zu seinem Brote!

Persisch

Gott sorgt, wir aber sollen arbeiten.

Luther

Nur dem Tätigen pflegt Gott beizustehen.

Aeschylos

Ich habe es spät erkennen lernen — es ist kein Glück auf Erden als da, wo man vom Morgen bis am Abend still und treu in seinem Berufe arbeitet, Gott vor Augen hat und alle Unordnungen im Leben meidet.

Pestalozzi

Arbeit ist das einzige, aber auch ein ausreichendes Mittel gegen alles Weh des Lebens. Wer nach einem großen Leid viel arbeiten muß, der hat den schwersten Teil desselben schon überwunden.

J. Burow

Schwerer Dienste tägliche Bewahrung — sonst bedarf es keiner Offenbarung.

Goethe

Frage die Sonne, was sie davon hat, Tag und Nacht um die Erde zu gehen. Und siehe, sie geht! ... Ihre Fußstapfen triefen von Segen.

Matthias Claudius

Leben heißt: das Wesentliche vor dem Unwesentlichen herausfühlen und t u n.

Friedrich Kayßler

Ein Beruf ist das Rückgrat des Lebens.

Nietzsche

Tätigkeit, etwas treiben, womöglich etwas machen, wenigstens aber etwas lernen, ist zum Glück des Menschen unerläßlich, seine Kräfte verlangen nach ihrem Gebrauch und er möchte den Erfolg desselben irgendwie wahrnehmen.

Die größte Befriedigung jedoch in dieser Hinsicht gewährt es, etwas zu machen, zu verfertigen, sei es ein Korb, sei es ein Buch: aber daß man ein Werk unter seinen Händen täglich wachsen und endlich seine Vollendung erreichen sehe, beglückt unmittelbar.

Schopenhauer

Ohne Liebe sind alle
äußeren Werke nichts nütze.
Was aber aus Liebe geschieht,
das ist durchaus fruchtbringend
und gesegnet.

Thomas v. Kempen

Man muß das Seinige
tun und denken, daß alles,
was mit Ernst und Liebe
vorgetragen wird,
nicht ohne Nutzen bleibt.

Goethe

Jeder soll seine Aufgabe erfassen, und diese soll sein Leben ausfüllen. Es kann eine ganz bescheidene Aufgabe sein, aber sie ist deswegen doch etwas Nützliches und Wertvolles. Es kommt nicht darauf an, worin sie besteht, wenn sie nur da ist und uns aufrechterhält. Wenn du sie ausführst, ohne dabei das Maß zu überschreiten, gerade so viel, wie du jeden Tag leisten kannst, dann wirst du gesund und froh leben.

Zola

Aus einem Pfund Eisen, das wenige Groschen kostet, lassen sich viele tausend Uhrenfedern machen, deren Wert in die Hunderttausende geht. — Das Pfund, das du von Gott erhalten, nütze es treulich!

Robert Schumann

Ich stehe an meiner Stelle und fülle sie aus und tue, was ich muß. Und das will ich, von ganzem Herzen. Und ich denke, es ist jeder an seinen Platz gestellt mit einer Aufgabe, und hat sie zu erfüllen.

Ludwig Finckh

Je edler und vollkommener eine Sache ist, desto später und langsamer gelangt sie zur Reife.
Schopenhauer

Wer schaffen will, muß fröhlich sein!
Fontane

Wer tätig sein will und muß, hat nur das Gehörige des Augenblicks zu bedenken, und so kommt er ohne Weitläufigkeit durch.
Goethe

Wenn man einmal einen Vorsatz gefaßt hat, gibt sich das übrige alles von selbst.
Goethe

Wenn man einmal eine Arbeit vorhat, so ist es gut, bei der Ausführung nicht das Ganze sich vorzustellen; sondern man arbeite gerade an dem, was man vor sich hat, und das klar; alsdann gehe man an das nächste.
Lichtenberg

Man fängt wieder an, ans Leben zu glauben, wenn man Menschen sieht, die tüchtig und redlich wirken, gegen so viele, die nur wie das Rohr vom Winde hin und her geweht werden.

Goethe

Nur wenn man die Dinge erkämpfen muß, sind sie etwas wert. Fallen sie einem in den Schoß, gewähren sie keine Befriedigung.

Cronin

Wie ganz anders würde ich vorwärts kommen, läge nicht so viel Schweres auf mir! — sagte der Mensch. Und wie viel besser würde ich mein Werk tun, hätte ich nicht die närrischen Gewichte an mir hängen! — sagte die Schwarzwälder Uhr.

Michael Bauer

Das Wort „Schwierigkeit" muß gar nicht für einen Menschen von Geist als existent gedacht werden. Weg damit!

Lichtenberg

Mit der Größe der Aufgaben wächst die Kraft des Geistes.

Schiller

Alles Große erfordert unsere schrankenlose Hingabe, um sich uns voll zu offenbaren.

Waldemar Bonsels

Nur wenn von uns Unmögliches verlangt wird, leisten wir das Mögliche.

Ludwig Curtius

Das ist das Merkmal der Tat, daß sie unserem Wünschen entzogen ist und eine von uns unabhängige Wirklichkeit und Wirksamkeit besitzt, deren Folgen wir weder sehen noch lenken.

Adolf Schlatter

Auch unser vergebliches Wollen und Handeln sendet seine Engel, seine unsichtbaren Hände, seine einflüsternden Stimmen aus und wirkt mit anderen Mitteln auf anderen Wegen dem Ziele zu.

Wilh. v. Scholz

Man sollte sich nicht schlafen legen, ohne sagen zu können, daß man an dem Tage etwas gelernt hätte.

Lichtenberg

Die Freude an der Arbeit kann so stark werden, daß sie alles andere verdrängt. Wenn ich versuche, mir ein Paradies auszumalen, kann ich es mir gar nicht als eine Stätte ewiger Muße vorstellen, wo geflügelte Müßiggänger einander unter Harfenbegleitung Lobhymnen vorsingen würden, sondern als ein Arbeitszimmer, in dem ich in alle Ewigkeit an einem herrlichen Roman schreiben würde, mit jener heiteren Kraft und ruhigen Gewißheit, wie sie mir hier auf Erden nur in den seltensten Minuten beschert waren. Für den Gärtner ist das Paradies ein Garten, für den Tischler eine Werkstätte. Jede gern vollbrachte Arbeit bedeutet ein Stück Glück und ein Stück Freiheit für den, der sie vollbringt.

André Maurois

Verfolge einen jeden Plan so, als ob von seinem Gelingen alles abhänge!

Richelieu

Wenn du keinen Baum erschaffen kannst, lege einen Samen.

A. W. Upfield

Wie leicht ist alles, sobald man nur wagt.

André Maurois

Wer lebt, nachdem er sein Leben zur Vollendung geführt hat, ist erhaben über die Unabänderlichkeiten des Schicksals, hat seine Dienstzeit hinter sich und ist frei.

Seneca

Nur der innere Trieb, die Lust, die Liebe helfen uns Hindernisse überwinden, Wege bahnen, und uns aus dem engen Kreise, worin sich andere kümmerlich abängstigen, emporheben.

Goethe

Auch ein abgehauener Ast wächst wieder, auch der hingeschwundene Mond nimmt wieder zu: Kluge, die solches erwägen, härmen sich bei Widerwärtigkeiten nicht ab.

Indisch

Was das Leben eines Menschen am beständigsten glücklich zu gestalten vermag ist Arbeit, die er liebt.

Theodor Hieck

Niemals und unter keinen Bedingungen dürfen wir verzweifeln. Zu hoffen und zu handeln — das ist unsere Pflicht im Unglück. Tatenlose Verzweiflung bedeutet so viel wie die Pflicht vergessen oder sich ihr entziehen.

Boris Pasternak

Ein einziger Grundsatz wird dir Mut geben, nämlich der Grundsatz, daß kein Übel ewig währt, ja nicht einmal sehr lange dauern kann.

Epikur

Ich habe mich durch eigene Erfahrung daran gewöhnt, alle Misere dieses Lebens als unbedeutend und vorübergehend zu betrachten und fest an die Zukunft zu glauben.

Gottfried Keller

Der Mensch braucht die Stille zur Reorganisation seines ganzen Wesens genau so, wie die Natur sie braucht. Wer keinen Zugang zur Stille mehr findet, ist in höchster Gefahr. Und er wird auch zur Gefahr für seine Umgebung. In der Stille tritt das Ich zurück, das nach äußerem Erfolg begehrt. Erst, wenn dieses Ich fähig ist, sich zu beschränken, öffnet sich der Horizont seiner Seele, der eng und verschlossen war. Die größere Welt, nicht an Zeit und Raum gebunden, dringt in ihn ein und schließt ihn wieder an den großen Lebensstrom an, der von Gott zu Gott fließt. Das Bild der Welt und ihrer Wichtigkeiten wandelt sich. Er sieht sich allem verbunden, was ist. Und wie er in sich selbst den Schöpfer am Werke spürt, so sieht er ihn auch in allen anderen Menschen und Geschöpfen, denn es gibt kein Wesen, dem Gott sich nicht mitgeteilt hätte.

Keine Zeit für die Stille haben, bedeutet, keine Zeit für das Leben selbst zu haben und für die Entwicklung der Seele. Leerlauf des Lebens mit seiner zerstörerischen Wirkung ist die Folge.

Else Hell

Der Mensch lebt wahrlich nicht in dem Getöse, welches er um sich herum macht oder hört, sondern in der Stille, welche er sich in seinem Herzen erhält.

Wilhelm Raabe

Alle Dinge des Tages
sind nur bunter Schein
vor dem ewigen Sein,
alle irdischen Ziele
der Seele nur Wegweiser.

Wilhelm Schäfer

Dem Leben fern bin ich dem Leben näher.

Erhart Kästner

Es ist ein natürliches Ding, daß der Mensch, der einfach und mäßig lebt, der nicht immer auf Erheiterung seines Körpers denkt, Zeit und Muße hat, seine Seele auf das Höhere zu richten. Es kommt die Ahnung von Gott in sein Herz, er betrachtet die göttlichen Werke, bewundert ihre unermeßliche Schönheit und Wohltätigkeit, und es kommen Gefühle der Anbetung und Verehrung in seine Seele, es kommen Gefühle der Liebe gegen alle Geschöpfe, besonders gegen seine Mitmenschen, er ist gut, wohltätig, freundlich, er betrachtet seine Güter nicht als Dinge zum Genusse, sondern als Mittel, Gutes zu tun, und scheidet endlich gerne von ihnen in ein anderes Leben, da er weiß, daß er doch all das, was ihn hier umgeben hat, zurücklassen muß.

Stifter

Wer lustgehetzt seinen Sinnen frönt, unmäßig im Genießen ist, voll Trägheit, seiner Männlichkeit beraubt, lebt, den trifft der Untergang wie der Wind den zermorschten Baum.

Buddha

Was sich einer versagt, so viel mehr schenken ihm die Götter.

Horaz

Stolz der Genügsamkeit sei dein Reichtum.

Persisch

Demut ist Unverwundbarkeit.

Ebner-Eschenbach

Das Leben will viel von dir, gibt dir viel; pack es, sonst läuft es dir davon! Aber vergiß nicht, daß jeder Tag seine Ruhestunden für die Seele haben muß, erlaube nicht, daß er dich auffrißt.

Hermann Hesse

Würde mich die jüngere Generation fragen, worin nach meiner Erfahrung das wahrhaft Erstrebenswerte im Leben besteht, so würde ich antworten: Schafft und erhaltet euch innere gleichmäßige Freudigkeit, sucht die Freude im guten Sinne, wo ihr sie findet! Sie ist im letzten Grunde nach meinem inneren Erleben der Zweck allen Seins!

Friedrich Kayßler

Ich fand eine Feldblume, bewunderte ihre Schönheit, ihre Vollendung in allen Teilen und rief aus: „Aber alles dieses, in ihr und Tausenden ihresgleichen, prangt und verblüht, von niemanden betrachtet, ja oft von keinem Auge nur gesehen." Sie aber antwortete: „Du Tor! Meinst du, ich blühe, um gesehen zu werden? Meiner und nicht der andern wegen blühe ich, blühe, weil's mir gefällt: darin, daß ich blühe und bin, besteht meine Freude und meine Lust."

Schopenhauer

Suchet in euch, so werdet ihr alles finden, und erfreuet euch, wenn da draußen, wie ihr es immer heißen möget, eine Natur liegt, die Ja und Amen zu allem sagt, was ihr in euch gefunden habt!

Goethe

Das Paradies liegt allemal in uns, nicht draußen in dem Bau der Welt, der nur durch unser Auge schön wird, und nicht in dem Tun der Menschen, das nur durch unser sittliches Urteil Bedeutung erhält.

Stifter

Die Freude ist das Salz im menschlichen Leben.

Wilhelm Heinse

Jeder Mensch soll Freude an sich selbst haben, und glücklich, wer sie hat.

Goethe

Sich selber genügen, sich selber alles in allem sein, und sagen können Omnia mea mecum porto (ich trage alles meine bei mir) ist gewiß für unser Glück die förderlichste Eigenschaft.

Schopenhauer

Wenn du dein Glück in dir selbst trägst, brauchst du es nicht auswärts zu suchen und für Getränke und Theater und schlechte Gesellschaft Geld auszugeben und dich hinterher elend zu fühlen. Du kannst zu Hause sitzen und glücklich sein, kannst arbeiten und glücklich sein. Wenn du das in dir hast, wird der Geist dich befähigen, alles zu tun, was du willst, und wird dich zum Rechten führen.

G. B. Shaw

Es gibt nur einen Weg um wirklich zu leben, und das ist, jeden Morgen mit dem festen Entschluß ans Werk zu gehen, dem heutigen Tag so viel als möglich abzugewinnen. Unbekümmert darum, was eintritt oder nicht eintritt, was kommt oder nicht, nimm dir vor, aus jeder Erfahrung dieses Tages einen Nutzen zu ziehen, eine Bereicherung an Lebensgehalt. Sprich zu dir selbst: Heute fange ich ein neues Leben an!
O. S. Marden

Nimm den heutigen Tag mit seinem ganzen Inhalt jeden Morgen freudig auf dich, so leistest du schon die rechte Arbeit. Mag der Inhalt eines Tages sein, welcher er will, mag er drohen oder lachen, seufzen oder jauchzen, nimm ihn voll auf dich mit einem unerschütterlichen: Ich will dich gerade so wie du bist!
Heinrich Lhotzky

Die Nützlichkeit des Lebens liegt nicht in seiner Länge, sondern in seiner Anwendung. Mancher zählt viele Jahre und hat doch nur kurze Zeit gelebt.
Montaigne

Man soll sich trösten, keine großen Gaben mitbekommen zu haben, wie man sich tröstet, keine hohe Stellung einzunehmen. Das Herz kann uns über beides stellen.

Vauvenargues

Reichtum, Ansehen, Macht, alles ist unbedeutend und nichtig gegen die Größe des Herzens, — das Herz allein ist das einzige Kleinod auf der Welt!

Stifter

Niemand besitzt die Sterne des Himmels anders als mit seinen Augen und dem Reichtum seiner Blicke aus den Schätzen seiner Seele. Darum ist niemand arm als nur der Unzufriedene, der blind ist bei sehendem Auge und taub bei hörendem Ohr.

Hermann Stehr

Über Wunder uns zu wundern, wie haben wir das doch verlernt. Wer kann es noch von uns? Nur der Liebende.

K. B. v. Mechow

Dazu sind eben Wünsch' und Träume mir
verliehen,
Um alles, was mir fehlt, in meinen Kreis
zu ziehen.

Rückert

Wer träumen kann, lebt das Leben reicher.

Theodor Hieck

Wer hofft, hat schon gesiegt und siegt weiter.

Jean Paul

Der Geist ist alles; was du denkst, das wirst du!

Buddha

Was die Seele liebt, dem wird sie gleich.

Augustinus

Wer werden will, was er sein sollte, muß lassen, was er jetzt ist.

Meister Eckehart

Worauf des Menschen Sinn gerichtet, bestimmt seinen Wert.

Arabisch

Halte den Menschen nicht für glücklich, der von seinem Glück abhängig ist. Die Freude an äußeren Dingen steht auf tönernen Füßen. Eine Freude, die von außen kommt, wird uns auch wieder verlassen. Jene anderen Werte aber, die im Inneren wurzeln, sind zuverlässig und dauernd. Sie wachsen und begleiten uns bis ans Ende. Was aber die Menge anstaunt, sind nur vergängliche Scheinwerte.

Seneca

Die Seele muß aufwärts streben zu jener Quelle, der sie entsprungen.

Beethoven

Jeder muß sich das Wunder seines Lebens stets aufs neue erwirken.

Stifter

Das Leben
ist ein Gefäß,
in das man so Köstliches
hineinlegen kann,
als man innerlich besitzt.

Wilh. v. Humboldt

Denken was wahr,
und fühlen was schön,
und wollen was gut ist:
darin erkennet der Geist
das Ziel des vernünftigen Lebens.

Plato

Unmöglich kann dies Erdenleben ein letzter Zweck sein. Wir haben ja nicht darum gebeten, es ward uns gegeben, auferlegt. Eine höhere Bestimmung müssen wir haben, als etwa den Kreislauf dieses Daseins immer wieder zu erneuern. Sollen die uns rings umgebenden Rätsel sich niemals klären, an deren Lösung die Besten der Menschheit ihr Leben hindurch geforscht? Wozu die tausend Fäden von Liebe und Freundschaft, die uns mit Gegenwart und Vergangenheit verbinden, wenn es keine Zukunft gibt, wenn alles mit dem Tode aus ist?

Moltke

Du willst nicht glauben, daß die Seelen immer wieder in andere Körper hinübergehen und daß es nur eine Wanderung ist, was wir Tod nennen? Du willst nicht glauben, daß auf dieser Welt nichts zugrunde geht, sondern nur in eine andere Sphäre übertritt? Du willst nicht glauben, daß nicht allein die Himmelskörper ihre gesetzmäßigen Umläufe vollführen, daß vielmehr auch die Lebewesen durch wechselnde Gestalten hindurchgehen und daß die Seelen einen Kreislauf ausführen? Große Männer haben das geglaubt!

Sotion (zit. Seneca)

Das Leben ist eine Sprache, in der uns eine Lehre gegeben wird. Könnte diese Lehre uns auf eine andere Weise beigebracht werden, so lebten wir nicht. Nie werden daher Weisheitssprüche die Erfahrung ersetzen und so ein Surrogat für das Leben selbst sein. Doch sind sie nicht zu verwerfen; vielmehr sind sie hochzuachten und anzusehn als die Hefte, die andere jener großen Lehre des Weltgeistes nachgeschrieben haben.

Schopenhauer

Die Wahlsprüche deuten auf das, was man nicht hat, sondern wonach man strebt.

Goethe

Unser Ziel sei der Frieden des Herzens.

Rosegger

Ich betrachte jeden Tag so, als könnte es der letzte sein ... Die Dauer unseres Lebens gehört zu den äußeren Dingen. Wie lange ich lebe, hat mit meinem wahren Wesen nichts zu tun. Wie lange ich aber leben werde, um im höheren Sinne zu leben, das hängt von mir ab. — Die Gestaltung unseres Lebens ist in unsere Hand gegeben.

Seneca

Wahre Empfindungen sind eine Gabe Gottes und ein großer Reichtum, Geld und Ehre sind nichts gegen sie; und darum kann's einem leid tun, wenn die Leute sich und andern was weismachen, dem Spinngewebe der Empfindelei nachlaufen und dadurch aller wahren Empfindung den Hals zuschnüren und Tür und Tor verriegeln.
... Die wahrsten Empfindungen sind immer die allernatürlichsten, auch in der Religion.
... Wahre Empfindung hat an und in sich selbst genug und schließt die Tür ihres Kämmerleins hinter sich zu.

Matthias Claudius

Das Kämmerlein sei dein Paradies,
das Stillschweigen sei dein Freund,
die Arbeit dein Geselle,
das Gebet dein Helfer.

Thomas v. Kempen

In der Einsamkeit ist jeder Mensch am meisten, was er ist; deswegen sind die Gelehrten in ihren Schriften am größten.

Wilhelm Heinse

Einsamkeit ist der Weg, auf dem das Schicksal den Menschen zu sich selber führen will.

Hermann Hesse

Reich ist man nicht durch das, was man besitzt, sondern mehr noch durch das, was man mit Würde zu entbehren weiß. Es könnte sein, daß die Menschheit reicher wird, indem sie ärmer wird, und gewinnt, indem sie verliert.

Kant

Nicht alle können auf der Piazza wohnen, aber jedem scheint die Sonne.

Ital. Sprichwort

Am besten ist immer, das zu wollen, was man auch bekommen kann.

Mildred Savage

Gaudeat obtentis: Freue dich an dem, was du erhalten!

Ludwig Curtius

Unser Lebensende steht fest. Die unerbittliche Schicksalsnotwendigkeit bestimmt darüber. Niemand aber von uns weiß, wie nahe er dem Ende ist. Wir sollten uns innerlich so einstellen, als seien wir schon in das letzte Lebensstadium eingetreten. Wir sollten nichts aufschieben. Täglich sollten wir mit dem Leben Abrechnung halten. Der größte Fehler des Lebens ist, daß es immer unvollendet bleibt, daß immer etwas aufgeschoben wird. Wer täglich die letzte formende Hand an sein Leben legt, bedarf der Zeit nicht mehr.

Seneca

Noch ist es nicht zu spät, eine neuere Welt zu suchen ... über die untergehende Sonne hinaus zu segeln, dorthin, wo alle Sterne des Westens im All schwimmen ... noch ist es nicht zu spät, zu streben, zu suchen, zu finden und nicht zu erlahmen.

Tennyson

Wer sich nach Licht sehnt, ist nicht lichtlos, denn die Sehnsucht ist schon Licht.

Bettina v. Arnim

Bleibe guter Geist euch hold,
der im stillen lehret:
Sich ans Reine zu gewöhnen
und im Echten, Guten, Schönen
recht uns einzubürgern.

Goethe

Ein jeder wandle einfach seine Bahn,
ob öd, ob schnöde, ei was geht's dich an?
Was tut das Feuer in der Not?
                es sprüht!
Was tut der Baum, den man vergißt?
                er blüht!
Drum übe jeder, wie er
                immer tut.
Wasch deine Augen, schweig und
                bleibe gut.

Carl Spitteler

Das Ewige ist stille,
laut die Vergänglichkeit.
Schweigend geht Gottes Wille
über den Erdenstreit.

Wilhelm Raabe

Die Leute sollten nicht immer so viel nachdenken, was sie wohl tun sollen, sie sollten lieber nachdenken, was sie sein sollten. Wären sie nur gut in ihrer Art, so möchten ihre Werke sehr leuchten. Bist du gerecht, so sind auch deine Werke gerecht.

Meister Eckehart

Ich suche das Gleichnis nicht im Gewitter großer Ereignisse, sondern in den einfachen Schicksalen, die uns alles offenbaren, was wir von diesem Dasein zu wissen nötig haben.

Helene Voigt-Diederichs

Die Menschen wieder denkend machen heißt, sie ihr eigenes Denken wieder finden lassen, daß sie in ihm zur Erkenntnis, deren sie zum Leben bedürfen, zu gelangen suchen. In dem Denken der Ehrfurcht vor dem Leben findet eine Erneuerung des elementaren Denkens statt. Der Strom, der eine lange Strecke unterirdisch floß, kommt wieder an die Oberfläche.

Albert Schweitzer

Ich werfe jeden Tag mehr auf den Scheiterhaufen des Unwesentlichen. Das Schöne bei diesem Tun ist, daß das Wesentliche dabei nicht kleiner, enger wird, sondern gerade mächtiger und großartiger.

Franz Marc

Der Drang nach einem Stern adelt und hebt über sich hinaus. Wehe dem Herzen, das nicht von ihm erfüllt ist; es geht blind durch die Straßen der Welt und mit verschlossenen Ohren.

Ludwig Finckh

Die Macht des Ideals ist unberechenbar. Einem Wassertropfen sieht man keine Macht an. Wenn er aber in den Felsspalt gelangt und dort Eis wird, sprengt er den Fels; als Dampf treibt er den Kolben der mächtigen Maschine. Es ist dann etwas mit ihm vorgegangen, das die Macht, die in ihm ist, wirksam werden ließ.

Albert Schweitzer

Arbeite an deinem Innern!
Da ist die Quelle des Guten,
eine unversiegbare Quelle,
wenn du nur immer nachgräbst.

Marc Aurel

Einen großen Geist zu haben,
darauf kann man
niemanden verpflichten,
doch jedermann ist verpflichtet,
ein gutes Herz zu haben.

Langbehn

An sich selber arbeiten, bis man liebenswert ist!

Rudolf Steiner

Der Mensch soll seine Anlagen zum Guten erst entwickeln; die Vorsehung hat sie nicht schon fertig in ihn gelegt; es sind bloße Anlagen und ohne den Unterschied der Moralität. Sich selbst besser machen, sich selbst kultivieren, und, wenn er böse ist, Moralität bei sich hervorbringen, das soll der Mensch. Wenn man das aber reiflich überdenkt, so findet man, daß dieses sehr schwer sei. Daher ist die Erziehung das größte Problem und das schwerste, was dem Menschen kann aufgegeben werden. Denn Einsicht hängt von der Erziehung und Erziehung wieder von der Einsicht ab.

Kant

Es kommt nicht auf das an, was die Natur aus dem Menschen, sondern was dieser aus sich selbst macht; denn das erstere gehört zum Temperament (wobei das Subjekt großenteils passiv ist), und nur das letztere gibt zu erkennen, daß er einen Charakter habe.

Kant

Wie der Mensch handelt, wenn er weiß, daß niemand je davon erfahren wird — das verrät seinen wahren Charakter.

Macauley

Der Charakter ist für den Menschen viel entscheidender als der Reichtum des Geistes.

Jakob Burckhardt

Daß der Mensch etwas haben und sich zum Zweck machen könne, was er noch höher schätzt als sein Leben (die Ehre), wobei er allem Eigennutz entsagt, beweist doch eine gewisse Erhabenheit in seiner Anlage.

Kant

Das Göttliche sitzt im Menschen wie der Vogel in der Dornenhecke, man muß nur auf sein Singen hören und nicht nur auf die Dornen sehen.

Walter Flex

Selbstvertrauen ist die erste Voraussetzung des Erfolges.

Ralph W. Emerson

Der Mensch bedarf der Erziehung. Nicht als ob er ohne Erziehung nicht gedeihen könnte, sondern weil es nicht dem Zufall überlassen bleiben soll, ob er gedeihen werde.

Herbart

Dreier Dinge sollte sich der Mensch täglich erinnern: des Guten, das er unterlassen, zu tun; des Schlechten, das er getan; der Zeit, die er unnütz vergeudet.

Volksmund

Das Ausfüllen der Zeit durch planmäßig fortschreitende Beschäftigungen, die einen großen beabsichtigten Zweck zur Folge haben, ist das einzige sichere Mittel, seines Lebens froh und dabei doch lebenssatt zu werden.

Kant

Nicht unser Hirn, sondern unser Herz denkt den größten Gedanken. Unser Herz aber oder unsere Seele oder der Kern unserer Persönlichkeit ist ein Funken aus dem Lebenslichtermeer Gottes.

Jean Paul

Ohne Tränen können weder die Väter ihren Kindern die Tugend einprägen noch die Lehrer ihren Schülern nützliche Dinge in Wissenschaften beibringen, auch die Gesetze nötigen dadurch die Bürger, daß sie ihnen Tränen erregen, der Gerechtigkeit nachzustreben.

Beethoven

Jugend und Alter sind nicht aufeinanderfolgende Lebensabschnitte, sondern täglich wechselnde Zustände. Es sind Daseinsbedingungen, die der beständigen Ebbe und Flut des Lebens entsprechen und im Laufe der Zeit nur das Verhältnis ihrer Stärke ändern. Die Kraft ist immer jung, alles Müdesein ist schon ein Altern. Wir sind alt, sobald die Ermattung dauernd und die Schwäche unheilbar geworden ist. Nicht ein bestimmter Tag im Kalender, sondern einige heftige Stürme führen den Blätterfall herbei.

St. B. Stanton

Die größte Tugend der Alten und eine der Hauptquellen des Frohsinns ist Einfachheit.

Karl Julius Weber

Rechte Jugend wird niemals alt; wer so hell und kühn ins Leben schaut, bleibt auch sein Meister immerdar. Denn das Leben ist ja doch ein wechselndes Morgenrot, die Ahnungen und Geheimnisse werden mit jedem Schritt nur größer und ernster, bis wir endlich vor dem letzten Gipfel die Wälder und Täler hinter uns versinken und vor uns im hellen Sonnenschein das andere sehen, was die Jugend meint.

Eichendorff

Was einer „an sich selbst hat", kommt ihm nie mehr zugute als im Alter.

Schopenhauer

Im Alter lernt man vieles, was man in der Jugend nicht begreifen wollte.

Karl Julius Weber

Dein Alter sei wie deine Jugend.

Altes Testament

Jeder Mensch kann zu jeder Zeit innerlich neu anfangen.

Rudolf Frieliung

Instinktiv habe ich mich dagegen gewehrt, das zu werden, was man gewöhnlich unter einem „reifen" Menschen versteht.

Der Ausdruck „reif" auf den Menschen angewandt, war mir und ist mir noch immer etwas Unheimliches. Ich höre dabei die Worte Verarmung, Verkümmerung, Abstumpfung als Dissonanzen miterklingen. Was wir gewöhnlich als Reife an einem Menschen zu sehen bekommen, ist eine resignierte Vernünftigkeit. Einer erwirbt sie sich nach dem Vorbild anderer, indem er Stück um Stück die Gedanken und Überzeugungen preisgibt, die ihm in seiner Jugend teuer waren. Er glaubte an den Sieg der Wahrheit, jetzt nicht mehr. Er glaubte an die Menschen, jetzt nicht mehr. Er glaubte an das Gute, jetzt nicht mehr. Er eiferte für Gerechtigkeit, jetzt nicht mehr. Er vertraute in die Macht der Gütigkeit und Friedfertigkeit, jetzt nicht mehr. Er konnte sich begeistern, jetzt nicht mehr. Um besser durch die Fährnisse und Stürme des Lebens zu schiffen, hat er sein Boot erleichtert. Er warf Güter aus, die er für entbehrlich hielt. Aber es war der Mundvorrat und der Wasservorrat, dessen er sich entledigte. Nun schifft er leichter dahin, aber als verschmachtender Mensch.

Zu gern gefallen sich die Erwachsenen in dem traurigen Amt, die Jugend darauf vorzubereiten, daß sie einmal das meiste von dem, was ihr jetzt das Herz und den Sinn erhebt, als Illusion ansehen wird. Die tiefere Lebenserfahrung aber redet anders zu der Unerfahrenheit. Sie beschwört die Jugend, die Gedanken, die sie begeistern, durch das ganze Leben hindurch festzuhalten. Im Jugendidealismus erschaut der Mensch die Wahrheit. In ihm besitzt er seinen Reichtum, den er gegen nichts eintauschen soll.

Albert Schweitzer

Hüten wir uns vor der Torheit, unsere Meinungen für unumstößliche Wahrheiten anzusehen und anderen also solche vorzutragen. Es ist ein widerlicher, harter Ton um den Ton der Unfehlbarkeit. Wenn ein Mann auch so alt wäre wie Nestor und so weise wie siebenmal sieben Weise zusammengenommen, so müßte er doch — eben darum, weil er so alt und so weise wäre — einsehen gelernt haben, daß man immer weniger von den Dingen begreift, je mehr man davon weiß.

Chr. M. Wieland

Zehn Jahre vor seinem Tod schrieb Werner Krauß folgende Zeilen, die wie ein Vermächtnis klingen: Wenn ich gestorben bin, sollte man meinen Sarg für zehn Minuten auf eine leere Bühne im Arbeitslicht stellen, und die Arbeiter sollen den Deckel abnehmen, damit die Kollegen sich anschauen können, wie alles vergänglich ist, wie der Mensch, der oft König war auf dieser Bühne, nun daliegt wie ein Häuflein Elend. Und keiner soll eine Rede halten, damit er nicht in Versuchung kommt, zu lügen...

Manche haben Charakter, weil sie einsam sind, und sind einsam, weil sie Charakter haben.

Julius Langbehn

Niemand irrt mehr als einer, der nur den Verstand fragt.

Vauvenargues

Wer Charakter hat, braucht keine Prinzipien.

Jul. v. Wagner-Jauregg

Der allein ist
glücklich und groß,
der weder zu herrschen
noch zu gehorchen braucht,
um etwas zu sein!

Goethe

Um zufrieden zu sein,
das heißt über der Not zu stehen,
kommt es nicht darauf an,
was man hat,
sondern darauf, was man ist.

Gotthelf

Würde nur der zehnte Teil der Zeit, die die Menschen damit verbringen, sich gegenseitig zu beneiden, mit dem Arbeiten am eigenen Ich verbracht, würde es nicht so viele Unglückliche, Gelangweilte und Verrückte geben.

Mantegazza

Daß etwas schwer ist, muß uns ein Grund mehr sein, es zu tun.

Rilke

Die Menschen machen immer die Umstände für das verantwortlich, was aus ihnen geworden ist. Ich glaube nicht an Umstände. Die es zu etwas bringen, das sind immer diejenigen, die sich die Umstände aussuchen, wie sie sie gebrauchen können, und wenn sie sie nicht vorfinden, dann schaffen sie sie sich.

G. B. Shaw

Wie reißende Tiere leichter übermannt werden als Insektenschwärme, so ist der Sieg, nicht über die seltenen und großen, sondern über die kleinen und täglichen Versuchungen besser und schwerer.

Jean Paul

Es kann das beste Herz
in dunklen Stunden fehlen.

Goethe

Der Mensch billigt das Böse in sich nie, und so gibt es eigentlich keine Bosheit aus Grundsätzen, sondern nur aus Verlassung derselben.
Man tut also am besten, wenn man die Grundsätze, welche den Charakter betreffen, negativ vorträgt. Sie sind:
Nicht vorsätzlich unwahr zu reden; daher auch behutsam zu sprechen, damit man nicht den Schimpf des Widerrufens auf sich ziehe.
Nicht heucheln; vor den Augen gut gesinnt scheinen, hinter dem Rücken aber feindselig sein.
Sein (erlaubtes) Versprechen nicht brechen; wozu auch gehört: selbst das Andenken einer Freundschaft, die nun gebrochen ist, noch zu ehren und die ehemalige Vertraulichkeit und Offenherzigkeit des anderen nicht nachher zu mißbrauchen.
Sich nicht mit schlechtdenkenden Menschen in einen Geschmacksumgang einzulassen und den Umgang nur auf Geschäfte einzuschränken.

Sich an die Nachrede aus dem seichten und boshaften Urteil anderer nicht zu kehren; denn das Gegenteil verrät schon Schwäche; wie auch die Furcht des Vorstoßes wider die Mode, welche ein flüchtiges, veränderliches Ding ist, zu mäßigen und, wenn sie denn schon einige Wichtigkeit des Einflusses bekommen hat, ihr Gebot wenigstens nicht auf die Sittlichkeit auszudehnen.

Kant

Das, was wir ein böses Gewissen nennen, ist immer ein gutes Gewissen. Es ist das Gute, was sich in uns erhebt und uns bei uns selber verklagt.

Fontane

Man muß nicht mit Gewalt verstanden sein wollen. Man muß zuweilen den Mut fassen, sich in sich selbst zu bergen, bis etwas Sicheres und Gewordenes von innen heraus kommt. Das wirft uns dann kein Kaltsinn und kein Mißverstehen um.

Anna Schieber

Sich selbst bezähmen. Das beste Mittel, keinen Herrn über sich zu haben.

Persisch

Geduld, Herzlichkeit, Demut, Nachgeben, soweit es möglich ist, feste stehen und nicht wanken noch weichen, sobald nicht mehr nachzugeben ist, und das alles in der Liebe!

N. L. v. Zinzendorf

Demut ist eigentlich nichts anderes als eine Vergleichung seines Wertes mit der moralischen Vollkommenheit. So lehrt z. E. die christliche Religion nicht sowohl die Demut, als sie vielmehr den Menschen demütig macht, weil er sich ihr zufolge mit dem höchsten Muster der Vollkommenheit vergleichen muß.

Kant

Wie die Sonne nicht erst auf Bitten und Beschwörungen wartet, um aufzugehen, sondern sogleich leuchtet und von aller Welt mit Freuden begrüßt wird, so mußt auch du nicht erst auf lärmenden Beifall und Lobsprüche warten, um Gutes zu tun, sondern sollst aus freien Stücken Gutes tun; dann wirst du gleich der Sonne geliebt werden.

Epiktet

Gutsein macht den Menschen am gottähnlichsten, denn Gott ist die Güte.
Max Mell

Gebende Hand ist schön, wie sie auch sei.
Shakespeare

Wenn man einem helfen will, so helfe man ihm recht; sonst heißt's einen, der ersaufen will, bis an die Zähne unter Wasser lassen.
Wilhelm Heinse

Sage nicht, daß du geben willst, sondern gib! Die Hoffnung befriedigst du nie.
Goethe

Ich bin dankbar — aber nicht, weil es vorteilhaft ist, sondern weil es mir Freude macht.
Seneca

Keine andere Maßnahme kann den Menschen das sittlich Gute eindringlicher vermitteln und schwankende, zum Schlechten neigende Geister wirksamer auf den rechten Weg zurückführen als der Umgang mit sittlich hochstehenden Menschen. Der wiederholte Anblick solcher Menschen, die Möglichkeit, ihnen oft zuhören zu dürfen, ist ein Gewinn, der allmählich in unser innerstes Wesen eindringt und die Wirksamkeit von Moralvorschriften besitzt. Schon das bloße Zusammentreffen mit weisen Menschen ist von segensreicher Wirkung, und man wird von einem bedeutenden Manne, auch wenn er schweigt, innere Förderung erfahren.

Seneca

Bei jedem Menschen, mit dem man in Berührung kommt, unternehme man nicht eine objektive Abschätzung desselben nach Wert und Würde, sondern man fasse allein seine Leiden, seine Not, seine Angst, seine Schmerzen ins Auge: — da wird man sich stets mit ihm verwandt fühlen, mit ihm sympathisieren, und statt Haß oder Verachtung Mitleid mit ihm empfinden.

Schopenhauer

Wenn man Glauben und Vertrauen zu Gott verliert, wird man gottlos, und wenn man Glauben und Vertrauen zu den Menschen verliert, so wird man lieblos, und wer gottlos und lieblos ist, um den ist es finstere Nacht, und wenn er schon noch nicht in der Hölle ist, so ist doch die Hölle in ihm.

Gotthelf

Sehnsucht zum Licht ist des Lebens Gebot.

Ibsen

Draußen vor den Fenstern liegt der gedankenreiche Herbst im klaren, mildwärmenden Sonnenlichte, der nordische Herbst, den ich so liebe, wie meine allerbesten Freunde, weil er so reif und wunschlos unbewußt ist. Die Frucht fällt vom Baume ohne Windstoß. Und so ist es mit der Liebe der Freunde: ohne Mahnung, ohne Rütteln, in aller Stille fällt sie nieder und beglückt. Sie begehrt nichts für sich und gibt alles von sich ... Ich sollte meinen, daß jemand, der den Herbst, wenige Freunde und die Einsamkeit wahrhaft liebt, sich einen großen, fruchtbar-glücklichen Lebensabend prophezeien darf.

Nietzsche

Erfahrungen, die man selbst macht, lehren viel, weil aber dein Leben kurz ist, horch auch auf die der anderen.

Hans Fr. Blunck

Toby sagt im Tristram Shandy zu einer Fliege, die ihn lange beunruhigt hatte, indem er sie zum Fenster hinausläßt: „Gehe, du böses Tier, die Welt ist groß genug für mich und dich!" Und dies könnte jeder zu seinem Wahlspruche machen. Wir müssen uns nicht einander lästig werden, die Welt ist groß genug für uns alle.

Kant

Nichts ist auf Erden verloren,
was wir dem Leben getan.
Darum sind wir geboren,
daß wir auf unserer Bahn
dienen dem hoffenden Leben
zu des Gestirnes Ruhm,
das uns zu Lehen gegeben,
doch nicht zum Eigentum.

Hans Leifhelm

In jedes Menschen Leben,
und sei es noch so bescheiden,
kommt die Stunde,
wo er einem andern
zum Licht werden kann.

Friedrich Rittelmeyer

Unter den Menschen
sind es nur einzelne,
die, ohne an sich zu denken,
die reine Freude an dem haben,
was Gott selbst im Kleinsten
so schön geschaffen hat.

Stifter

Die Freundlichkeit ist die freundlichste aller Tugenden, hat unter allen das lieblichste Gesicht, sie ist der Schlüssel zu allen Herzen.

Gotthelf

Es gibt Worte, die Gift enthalten, und schaurig ist es, daß man das ausgesprochene Wort nicht zurücknehmen kann. Wie ein vergifteter Pfeil bohrt sich manches Wort in die Seele und zersetzt sie allmählich. Doch es gibt auch Zauberworte, die Genesung und Leben bringen. Ein kleines Wort, bisweilen ein unausgesprochenes, im Blick enthalten, kann die Seele verjüngen; noch eben war sie matt und stumm wie ein Hain im Spätherbst, doch plötzlich erklingen süße Melodien und alles ist in Duft und Blühen gehüllt.

Zenta Maurina

Ein paar Jahre lebt man, und da sollte man nicht alles tun, um sich gegenseitig das Leben schön zu machen?

Rudolf Koch

Alles Leben mit anderen fordert Verstehen.

Eduard Spranger

Reich sein an Freuden hängt nicht von Armut ab, sondern von einem genügsamen, zufriedenen Herzen.
Gotthelf

>Ach, alles, alles in der Welt
>ist Staub, wird bald zerrieben;
>was hoch und herrlich war, zerfällt,
>und nichts besteht als Lieben.
> Matthias Claudius

Es gibt Gemüter, die allen Dingen die böse Seite abgewinnen; es gibt Gemüter, die allen Dingen die gute Seite abgewinnen. Die ersteren finden Stoff zu Klagen in jeder Freude, die andern Stoff zur Freude in jedem Jammer; die einen schütten Galle in jeden Honighäfen, die andern Balsam in jede Wunde; die einen nehmen jeden Zufall übel, die andern verzeihen jedes Wehtun; die einen sind gar unglückliche Gemüter, nassen Jahren vergleichbar, wo nichts wachsen will, während es noch um so lieber hagelt, die andern sind Gemüter wie Maiennächte, wo alles aufstehen möchte, alles grünt und duftet.
Gotthelf

Wo man Liebe aussät, da wächst Freude empor.
Shakespeare

In den meisten Fällen tut ein freundlich, zutraulich Wort mehr Wirkung und dringt tiefer ein als ein strenges, hartes. So geht der Regen tiefer in den Boden hinein als der Hagel, darum läßt der liebe Gott auch mehr regnen als hageln.
Gotthelf

Der Mensch nimmt nicht eher Anteil an anderer Glück oder Unglück, als bis er sich selbst zufrieden fühlt. Machet also, daß er mit Wenigem zufrieden sei, so werdet ihr gütige Menschen machen; sonst ist es umsonst.
Kant

Immer aufnahmebereit bleiben.
Rilke

Jemanden glücklich machen, heißt, sein Leben vermehren, vertiefen.
Amiel

Üben wir die Kunst des Vergessens und Vergebens! In uns glimmende Erbitterung über uns angetanes Unrecht, nachtragender Groll über Verleumdung, Beleidigung und Niedertracht, die Empfindung von Haß und Abneigung wirken außerordentlich schädigend auf unser seelisches Leben.

Hans Würthner

Kein Mensch hat ganz unrecht und keiner ganz recht; und wer vergibt, dem wird zugleich vergeben, und umgekehrt; so teilen zwei Menschen, die sich versöhnen, immer die Freude der Verzeihung und die Freude der reinern und größeren Liebe miteinander.

Jean Paul

Vergib dir nichts, den andern viel.

Volksmund

Die Sterblichen sind gleich. Nicht die Geburt, die Tugend nur macht allen Unterschied.

Voltaire

Versöhnlichkeit ist Menschenpflicht.

Kant

Die Achtung vor der Existenz menschlicher Individuen muß als oberste ethische Maxime jede andere beherrschen, und eben diese Achtung muß das gemeinsame Band sein, das alle Menschen der Erde umschlingt.

Popper-Lynkeus

Das menschliche Geschlecht muß immer der Veränderung unterworfen sein, wenn es glücklich sein soll, ebenso wie der einzelne Mensch. Ein immerwährender Zustand von Glückseligkeit und Unglückseligkeit ist nicht möglich.

Wilhelm Heinse

Über das Herz zu siegen ist groß, ich verehre den Tapfern, aber wer durch sein Herz sieget, er gilt mir noch mehr.

Schiller

Die schönen illustrierten
TIECK-BÜCHER
Bücher der Freude und Lebenskunst

Herz, wag's auch du
Ein lyrisches Brevier der Liebe
und Zuneigung

✱

Des Innern stiller Frieden
Tröstliches und Hoffendes

✱

Dein frohes Erdenglück
Der unverlierbare Teil am Schönen des Lebens

✱

Zauber des Schönen
Schätze des Geistes und der Kunst

✱

Segen der Lebensfreude
Gedanken und Bilder zeitloser Schönheit

✱

Folge deinem Stern
Spruchweisheit italienischer Dichter

✱

Ihr gelben Chrysanthemen
Japanische Haiku-Dichtung

Kleinformat — Pb.

Gutes Glück bei Goethe
Freude und Lebenskunst

*

Trost bei Goethe
Beglückung für Unzählige

*

Meines Herzens stille Glut
Zwiesprache der Liebe in Glück und Hoffnung

*

Freund, so du etwas bist
Schätze der Lebensweisheit

*

Werde, was du noch nicht bist
Weisheit des Herzens

*

Nichts ist, das dich bewegt
Stärkende Lebenskunst

*

Mensch, all's was außer dir
Trost und Zuspruch

*

Freude mit Kindern
Ein inniges Buch für Mütter und Väter

*

Holde Musik
Beglückendes Erlebnis der Musik

Großformat — Leinen